소리 · 열셋

우리 시대의 삼보三寶

말한이 활 성 | 엮은이 김 용 호

고요한소리

일러두기

* 이 책은 활성 스님께서 2009년 5월 2일, 2005년 5월 15일 〈고요한소리〉
  남원 역경원에서 하신 초파일 법문을 김용호 박사가 엮어 정리하였다.

차 례

오늘은 부처님이 이 땅에 탄생하신 것을 기념하는 날입니다. 이 땅에 부처님 오신 것은 인류 역사상 최대의 사건이 아니냐 하는 생각이 듭니다. 이 말이 불자라서 으레 하는 말이라고 들을 수도 있겠지요. 하지만 불자냐 아니냐를 떠나서 부처님 오신 의미를 한번 생각해 봅시다.

부처님이 이 세상에 출현하셨다는 것이 인류에게 왜 그렇게 중요한 일일까요? 부처님이 우리에게 무엇을 주셨다고 우리가 부처님께 그토록 감사해야 할까요? 한마디로 하자면 부처님은 삼보三寶, 즉 불·법·승佛法僧이라는 지고한 세 가지 보배를 인류에게 주셨기 때문입니다. 이 세 가지는 인류에게 가장 값진 보배라고 할 수 있을 것입니다.

여러분, '보배'를 어떻게 보존합니까? 누가 혹시라도 가져갈세라, 내 손에서 없어질세라, 소중하게 아끼

고 보존하는 노력을 기울이지 않습니까? 귀한 보배일수록 그 노력은 더 크지요. 그런데 인류의 역사를 봅시다. 삼보를 과연 소중히 모셔왔습니까? 이 삼보가 어떤 경우에는 보배가 아니라 짐이 되기도 했습니다. 예를 들면 우리가 불보는 너무 소중하게 섬긴다면서 신격화시켜버려 원래 자리에서 멀어지게 만든 면이 있고, 법보法寶도 너무 고원高遠하고 이상적이어서 오히려 짐으로 느낀 시절이 있었고, 승보僧寶도 어떤 사회에서는 짐이 되기도 했습니다. 그러니까 우리가 부처님을 제대로 모신 것도 아니고, 삼보가 귀중한 보배로서 언제나 환영받은 것도 아니라는 겁니다.

일단 '삼보가 무엇이냐' 하는 것도 잘 모릅니다. 삼보에 귀의한다고 하면서도 실은 삼보의 의미가 무엇인지 잘 모르지요. 그래서 오늘은 부처님이 인류에게 주신 가장 귀한 보배를 되돌아보기로 하겠습니다.

불보佛寶

　　부처는 어떤 분입니까? 깨달은 자라고 다 부처가 되는 것은 아닙니다. 빠알리Pāli 경에 보면 한 제자가 부처님께 여쭙니다. '부처님도 아라한이시고, 일반 아라한들도 다 아라한인데, 그 차이가 무엇입니까?' 그러니까 부처님이 대답하십니다. 부처는 '법을 만든 이'고 아라한은 '그 법에 의지해 공부를 이룬 이'라고. 그리고 부처의 역할에 대해서도 언급하십니다.

비구들이여, 여래는 아라한이고, 바르게 완전한 깨달음을 성취한 사람이다. 비구들이여, 귀를 기울여라. 불사不死는 성취되었다. 내 이제 그대들에게 가르쳐주리라. 내가 가르친 대로 따라 실천하면, 그대들은 오래지 않아 좋은 가문의 아들들이 바르게 집을 떠나 출가하는 목적인 그 위 없는 청정범행의 완성을 지금 여기에서 최상의 지혜로 실현하고 구족하여 머물 것이다.[1]

이 말씀은 '나는 없던 법法을 세우고, 넘어져 있던 법을 일으키고, 많은 사람들이 그 법에 의지해서 향상의 길을 나아가도록 하기 때문에 부처이고, 다른 아라한들은 그러한 나의 길에 의지해서 깨달음을 얻었기 때문에 아라한이다.'라는 뜻입니다. 깨달은 사람은 많습니다. 그러나 '깨달아서 법을 설해주신 분'은 한 세상에 한 분뿐이고, 그분이 부처입니다. 부처가 한 분뿐이니 법法도 하나입니다. 요컨대 부처도 한 분, 법도 하나, 그 법을 실천하는 승가도 하나입니다.

---

1 《중부》26 〈성구경聖求經〉

그런데 대승불교에 들어오면 부처의 수가 무척 많아집니다. 그 때문에 혼동도 있지만 '부처는 법法을 제정해서 펴신 분이다'라고 이해하면 정리가 됩니다. 그러니까 법을 펴신 분이 부처이고, 부처는 한 세상에 한 분뿐입니다. 그러면 과거불, 미래불은 무엇인가요? 세상은 성주괴공成住壞空을 거듭합니다. 그에 따라서 인류도 일어났다가 쇠퇴해서 멸망하고 다시 일어나는 순환을 반복합니다. 세상이 공空의 단계로 들어서면 모든 게 붕괴되니까 그 다음 성成의 단계에 들어서면 과거에 뭐가 있었는지 아무도 모르지요. 그래서 새롭게 세상이 생성될 때마다 적당한 시기에 부처님이 나오셔서 법을 새로이 제정 선포하십니다.

과거에도 우주가 여러 번 성주괴공 함으로써 법도 나타났다 사라졌다 했습니다. 그렇기 때문에 연등불 같은 과거불들이 나타나셨지요. 또 다음에 미륵불이 온다는 걸 여러분 알고 계시지요? 앞서 정리한 부처의 개념에서 보면 석가모니불의 법이 완전히 쇠퇴해서 사라지기 전에 새로운 부처가 나타나는 일은 있을 수 없습니다. 석가모니 부처의 법이 있는 한 새로운 부처는 안 나옵니다.

미륵불은 어떤 분인가 하면 우리 인류가 멸망한 다음 일정 시기가 지나서 다시 새로운 인류 또는 인류 비슷한 존재들이 자리 잡을 때, 그래서 모든 조건이 안정되어 본격적인 가치를 실현할 여건이 되었을 때 나오는 부처입니다. 그 미래불은 수기授記[2]되어 기다리고 있는 분이겠지요. 우주가 성주괴공 하는 일은 끝없이 진행되니까, 그런 식으로 부처도 무수히 나오겠지요.

---

2 수기授記; 부처님께서 보살에게 미래 세상에 성불하리라는 것을 예언하는 교설.

이런 의미에서 석가모니 부처님은 대승불교에서 말하는 수많은 부처와는 다릅니다. 그분들은 어떤 보살행을 하시는 각자覺者들이고, 법을 만드는 분에 해당될 수는 없습니다. 예를 들면 아미타불이 중생들을 위해서 서원을 세우고 극락세계를 만들어 놓았다 하지요. 그 세계는 이 세계에서 서쪽으로 십만 억 국토 지난 곳으로 지금도 그곳에서 설법하고 있다는데 그 법의 내용이 독자적인 것인지에 대해서는 언급된 바 없습니다.

　그러니까 '성불成佛합시다'라는 말도 '깨달읍시다'라는 뜻이라면 무방하지만, 법을 세운 분이 부처라는 뜻에서 '부처 됩시다'라는 뜻이라면 문제가 있습니다. '깨달읍시다, 해탈합시다'라는 말은 할 수 있으되, '부처 됩시다'라는 말은 삼가야합니다. 다만 먼 훗날 아니 먼 미래세에, 미륵불의 세계도 끝난 후 어느 세계

에 내가 법을 펴겠다는 뜻이라면 모르겠지만 이 세상
에서는 부처는 이미 한 분으로 끝났습니다. 여러분,
이 시대는 석가모니 부처님 시대라는 점을 분명히 알
기 바랍니다. '법을 세우고 설하신 분이 부처'라는 사
실을 이해하는 것은 대단히 중요할 뿐 아니라 핵심적
인 문제입니다. 그것이 불교의 근간을 바르게 아는 출
발이기 때문입니다.

  석가모니 부처님은 전생에 다겁생多劫生을 사시면
서 보살원菩薩願을 세우셨습니다. '부처가 없고 또 법
이 없는 어느 시절이 왔을 때, 그때 내가 가서 법을 세
우겠다.'라고 서원하셨지요. 왜냐하면 우주의 성주괴
공에 따라 인간 존재가 우주에 나타났을 때, 부처가
안 오면 사람들이 우왕좌왕 헤매면서 온갖 혼란한 업
만 짓다가 말 것이고, 그러면 이 우주의 농사가 폐농
이 되어버리기 때문이지요. 부처님이 나타나 법을 설

해서 인간이 인간답게 살게 되어야 비로소 우주의 인간 농사가 제대로 되고, 그래야 우주가 빛이 나는 것입니다. 요컨대 우리 인간은 우주의 곡물입니다. 부처야말로 우주의 농사를 위해 나타나서 우주 자체의 의미를 구현하는 엄청난 존재입니다. 그런 의미에서 석가모니 부처님은 인류에게 지고至高의 보배인 겁니다.

그런데 부처님 법을 만나기 전에 인간들이 짓는 업을 보십시오. 차라리 동물들은 그렇게 교묘하게 탐욕을 부릴 줄 모르지요. 본능적으로 살아남기 위해 그냥 잡아먹고 먹히는 단조로운 행위를 거듭합니다. 동물은 배가 부르면 잠이나 자는데, 인간은 배부르면 딴짓을 합니다. 딴짓거리도 한두 가지가 아니고 분수를 헤아려 멈추지도 못합니다. 동물보다 훨씬 교활한 지능을 갖고 있어서 진짜 악업을 짓는다는 말입니다.

이 우주에서 악업은 인간들만 짓습니다. 어디 하

늘 세계에서 악업을 따로 짓습디까? 무슨 동물이나 벌레가 업을 짓습디까? 아니지요. 그들은 의도적인 악업을 짓는 것이 아니라 생리적 법칙에 따라서 흘러가죠. 그런데 인간은 업을 짓되 악업을 더 지어요. 왜? 몸과 마음이 구조적으로 탐·진·치貪瞋癡의 지배를 받고 있기 때문입니다. 탐·진·치의 마음이 그 몸에 여러 가지를 교사하고 충동질하면 인간의 악업이 한없이 커진다는 말입니다. 의도하고 욕심내고 더 탐하고 더 성내는 탐·진·치의 무한 팽창, 이것이 인간의 특성입니다.

예를 들면 인간이 우주를 어떻게 대하고 오늘날 어떤 과보를 받고 있습니까? 요즈음 환경 위기를 말하고 있는데, 그것이 자기 탓은 아니고 모두가 남 탓인 듯 행동합니다. 지구를 다 망쳐 놓아도 남의 탓이고 자기 잘못은 절대 없다는 거지요. 그리고는 이기적인 업을 계속 짓고 있습니다. 그러한 업 짓는 존재들에게 부처님 법이 없다면 참으로 난감한 일입니다.

반면 업 짓는 존재인 인간은 그로 인해 다른 가능성도 갖고 있습니다. 인간이 선업을 지으면 한없이 향상해서 그 어떤 존재도, 하늘의 신들마저도 따라올 수 없는 위대한 존재가 될 수 있는 겁니다. 그것이 인간입니다. 다시 말해 인간은 무한가능성을 지닌 존재이지요. 문제는 그 가능성을 어떤 쪽으로 실현하는가입니다. 부정적인 쪽이든 긍정적인 쪽이든 가능성은 열려 있습니다. 그 가능성의 존재에게 부처님이 법을 가르쳐 주심으로써 드디어 인간이 우주에서 어떤 신보다도 높이 향상할 수 있도록 긍정적 길을 열어 두셨다는 말입니다.

불교에서는 부처가 범천梵天보다 위입니다. 예컨대 〈범문경梵問經〉에 보면 범천 브라흐마가 모르는 사실

이 많은데, 그 모른다는 말을 차마 못하고 자꾸 엉뚱한 소리만 하다가 부처님 앞에 가서 질문을 하면 부처님이 대답해 주십니다. 그처럼 부처는 범천을 가르치는 존재이고, 우리 인간들은 부처와 존재 면에서 동격인 아라한이 될 씨앗입니다. 아라한으로 탄생하는 게 아니라 인간의 완성이 아라한이라는 뜻입니다. 인간 완성을 이룩할 잠재력을 가진 우리가 부처님 덕분에 드디어 인간 완성을 향할 수 있게 되었고, 또 그 가능성을 실현해 낼 수 있게 되었습니다.

진리는 부처님에 의해서도, 그 누구에 의해서도 만들어지는 것이 아닐뿐더러 참으로 언설로 표현할 길이 없고 형태로 나타낼 수도 없고 머리로 상상해 낼 수도 없는 것인데, 그 '진리'를 '법法'이라는 형태로 잘 갈무리하여 우리에게 주심으로써, 우리가 진리에 의지하여 인간 완성으로 나아가도록 그 길을 훤하게 열

어놓으신 것입니다. 그래서 부처님입니다. 그것이 불
보佛寶의 의미입니다. 그 때문에 우리가 아침저녁으로
석가모니 부처님께 예불을 올리고 공양을 올리고 감
사의 인사를 드리는 겁니다.

부처님 돌아가시는 모습

다음 법보法寶로 넘어가기 전에, 불보佛寶와 법보의 관계를 생각해 봅시다. 경에 보면 부처님이 돌아가시는 모습이 나옵니다. 오늘이 탄신일인데 돌아가시는 모습을 말하는 데는 나름 이유가 있습니다. 남방에서는 웨사아카vesākha라고 하는 4~5월 만월에 탄신일·출가일·성도일·열반일을 다 모아서 같은 날로 봉축하지요. 그래서 탄신일인 오늘 부처님 열반에 대해 돌아보는 것도 각별한 의미가 있다고 하겠습니다.

부처님이 마지막에 이르러 고약하게도 식중독을 일으켜서 굉장히 고생을 하십니다. 옆 사람이 '부처님이 돌아가시는구나.' 하고 걱정할 만큼 그렇게 고생을 하십니다. 그리고 가까스로 회복하셔서는 조금 지나서 열반에 드십니다. 이 대목은 어떻게 보면 꽤 실망스럽습니다. 많은 사람들이 실망하지요. '부처는 모든 것이 남달라야 할 텐데, 돌아가시는 모습이 뭐 이리 평범하냐? 그럼 우리와 다를 게 뭐냐?' 이렇게 생각하기 쉽지요. 반면에 태어날 때 이야기는 얼마나 거룩합니까? 여인의 옆구리에서 태어나서 땅에 닿자마자 사방을 내다보면서 일곱 걸음을 걷고 '천상천하天上天下 유아독존唯我獨尊'이라는 게송을 읊으셨지요. 그런데 '돌아가시는 모습은 왜 이리 처량하냐? 왜 부처님이 그렇게 돌아가셨을까?' 이 대목에서 깊이 생각할 것이 있습니다. 그것은 무엇보다 부처님과 부처님이 설하신 법, 즉 불보와 법보 두 보배가 모두 중요하다는 사실을 이해하는 일입니다.

부처님이 평생을 바쳐 법을 만들어 놓으셨는데, 우

리에게 남은 가장 중요한 일은 이 법이 변질되지 않고 타락되지 않고 계속 잘 존속하도록 유지하는 것입니다. 만드신 입장에서 보면 법이 오래오래 생생하게 원형 그대로 잘 보존되는 것이 중요합니다.

부처님 법은 처음도 좋고, 중간도 좋고, 끝도 좋으며 의미와 표현을 구족하여 더할 나위 없이 완벽합니다.[3]

완벽하게 법을 설하시고는 이만하면 되었다고 생각하시고 할일을 다 마쳤으니까 열반에 들어야겠다고 하신 겁니다. 그만큼 법은 완성된 것입니다. 이제 우리가 할 일은 이 법이 제대로 전해지지 못하게 하는 요소들을 살펴 법을 지켜내는 일입니다.

---

3 《상응부》 55:7 〈웰루드와라에 사는 자들 경〉

가장 걱정스러운 것은 불법佛法이 변질되는 문제입니다. 사람들이 몰라서 무시하고 외면하고 지나가버린다면 법은 그나마 그런대로 남아 있을 텐데, 문제는 법을 향해서 오는 사람들의 유형에 따라 법이 크게 변질되어버릴 수 있다는 겁니다. 그 중에 제일 큰 문제는 부처를 신神으로 만들어버리는 것입니다. 부처를 신으로 만드는 것, 그게 제일 위험합니다. 이해가 되십니까? 부처가 신이 되어버리면 법은 희미해져버리고, 다른 종교에서 보듯이 부처는 저 위로 올라가 종교적 신앙의 대상이 되어버립니다. 부처님이라는 신에게 매달리다 보면 인류를 위해 설해 놓으신 법은 오히려 뒷전으로 밀리고, 완벽하게 설하신 그 가르침마저도 왜곡 변질되어버립니다.

당시에도 이미 그런 상황이 많이 벌어졌거든요. 부처님을 열 가지 이름[十號]⁴으로 부르면서 그야말로 떠받들어 모셨지요. 열 가지 이름 자체는 오히려 신격화를 막는 세심한 장치의 성격이 짙은데 중생들은 도리어 맹목적으로 떠받드는 근거로 삼으려 들었으니까요. 부처님 입장에서 볼 때 '내가 살아 있는데도 이러는데 내가 죽고 나면 어떻게 될 것인가? 완전히 신이 되고 우상이 되어버리고 말거다.' 이렇게 염려하셨겠지요. 그래서 신이 안 되도록 죽는 방법이 중요한 겁니다. 장엄하고 거룩하게 죽으면 신으로 받들어지기에 딱 좋은 효과를 내니까, 가장 평범하게 돌아가셔야지요. '육신, 이것은 너나 나나 똑같다. 신의 자질도

---

4 여래 십호如來十號: 아라한*arahaṃ*, 정등각자*sammāsambuddho*, 명행족 *vijjācaraṇasampanno*, 선서*sugato*, 세간해*lokavidū*, 무상사*anuttaro*, 조어 장부*purisadammasārathi*, 천인사*satthā devamanussānaṃ*, 불*buddho*, 세존 *bhagavā*.

아니고 아무것도 아니다.' 부처님이 돌아가시면서 보이신 모습은 바로 이 메시지를 강조하는 가르침이 아니었을까요? 그래서 부처님이 악마에게 죽을 약속까지 하시고서는 그 모습을 연출하신 겁니다.

부처님이 대장장이 아들 쭌다가 마련한 음식을 드시고 식중독을 일으켰다 하는데, 대중공양 받은 음식을 드시고 왜 부처님 혼자서 병을 앓으셨을까요? 이것은 식중독이 문제가 아니라 부처님 당신이 선택한 죽음의 방식이라고 보입니다.

죽음의 모습에 대한 연출은 일부 조사스님들도 자유자재이거든요. 목욕하고 옷 갈아입고 대문을 나서면서 선 채로 돌아가신 분도 있고, 앉은 자세로 돌아가신 분도 있고, 마음대로이지요. 그런데 왜 부처님은 하필이면 식중독 비슷한 것을 일으켜 돌아가시느냐? 부처님 위장이 약해서라기보다는 오히려 부처님은 당신이 돌아가시는 모습을 전부 연출하신 것으로 보입니다. 연출하셨는데 장엄한 쪽으로 하신 게 아니라 의도적으로 가장 평범한 모습을 취하신 것으로 봅니다.

그럼으로써 불법이 신격화되지 않고 우상화되지 않고, 사람들이 냉철하게 검토하고 따져서 취사선택하는 대상으로 남아 있게 된 것입니다. 그것이 바로 법이 가장 건강하게 변질됨이 없이 오래 지속되는 기본조건 중의 하나라는 말입니다. 부처님은 그만큼 완벽하게 법을 설하셨고, 또 법의 보호를 위해서도 마지막 순간까지 노력하셨습니다. 그것이 의미하는 바는 무엇이겠습니까? 후대의 우리가 물려받은 불·법·승佛法僧 삼보三寶 중에 '핵심은 법法이다'라는 뜻입니다.

그런데 지난 이천 년을 돌아보면 어떠하였습니까? 불·법·승 삼보 가운데 법이 중심이 아니고 부처님이 중심이었지요. 부처님이 우려했던 것이 그대로 현실로 나타났습니다. 부처님이 신이 되어버렸지요. 부처님을 신격화시켜 신으로 모시고, 그 앞에서 온갖 기원이나 드리는 일이 실제로 벌어졌습니다. 부처님이 법을 만드시고 그렇게 애써 노력하셨는데도 불구하고 법이 뒷전으로 밀려나고 말았습니다.

그런 측면에서 '부처님의 탄생은 어디까지나 법을 위해서이다. 따라서 불·법·승 삼보의 중심은 법이다.'라는 점을 분명히 각성할 필요가 있습니다. 우리가 부처님께 예경을 드리면서 '법을 주셔서 고맙습니다.'라고 해야지, 무조건 '우러러 존경합니다.'라고 하는 것은 옳지 않다는 말입니다. 우리는 법이 중심이라는 바른 자세로 삼보를 대하도록 해야겠습니다.

법보法寶

그러면 불·법·승 가운데 법法이란 무엇입니까? 결론부터 말해서 부처님 법과 세속법은 차이가 있습니다. 중국에서 부처님 가르침을 '법'이라고 했는데, 그건 산스크리트어 다르마*Dharma*를 번역한 것이지 빠알리어 담마*Dhamma*를 번역한 것이 아닙니다. 북방 경전은 전부 산스크리트어로 된 대승 경전을 번역한 것이기 때문에 법은 다르마를 번역한 것입니다. 그러면 이 다르마라는 용어가 빠알리어의 담마와 뜻이 똑같을까요? 이것은 검토해볼 여지가 있는 문제인데 여기서 간단히 살펴봅시다.

힌두이즘에서 내려오는 다르마의 뜻은 일종의 '의

무'입니다. 그래서 '여덟 가지 의무가 있다' 하는 말이 힌두 책들에 나오기도 하지요. 의무라는 말이 법法으로 번역되면 상당히 자연스럽지요. 지켜야 할 의무, 세속법도 그런 것 아닙니까? 법은 지켜야 되지요. 그런 의미에서 부처님이 쓰시는 법인 담마는 산스크리트어의 다르마와 차이가 있습니다.

조금 전에 '불·법·승 삼보 중에 법이 중심이다'라고 했는데, 이것이 무슨 법규나 지켜야 할 의무 사항을 말하는 것이라면 부처님이 의도하신 것과는 정말 천리만리 떨어진 것입니다. 부처님이 법규 제정자입니까? 아닙니다. 세속에서 법을 제정하여 공포하고 이 법을 지킬 의무를 부여한다는 것은 인간을 국민, 신민, 군대, 피치자로 보는 개념들이 벌써 전제되어 있습니다. 추종자, 따르는 사람, 지켜야 하는 사람, 복종해야 하고 매인 사람으로서 이미 규정되기 때문에 법이 나오면 그 다음에 의무가 나오게 되어 있습니다.

그러나 부처님의 인간관은 그렇지 않습니다. 아라한이 될 씨앗이 인간입니다. 어떻게 보면 창조주보다 더 위대한 존재가 인간이지요. 인간은 어떤 면에서 진정한 창조주라 할 수 있습니다. 업을 짓는 존재니까요. 그런데 그 업을 짓는 존재에게 법을 정해서 '이런 것 해라, 이런 것 하지 말라'고 한다면 이건 노역하는 노예지요. 업 노역을 하는 노예인 겁니다. 인간이 노예라면 어떻게 아라한이 됩니까? 될 수가 없지요. 그래서 부처님 법은 세속법과 그 뜻이 다릅니다.

그러면 부처님이 말씀하신 법은 무엇일까요? 그 말을 이해할 단서를 경에서 찾아보면 이런 말이 각각 있어요.

**명색名色은 가짜 법 모사담마*mosadhamma*이다,
열반涅槃이 진리다.[5]**

변화하는 성질의 명색은 가짜 법이고, 변함이 없는
열반이 진리라는 말씀입니다. 여기서 '진리'라는 말은
'진짜'라는 뜻입니다. 가짜가 아닌 진짜, 열반은 진짜
인데 명색은 가짜이지요. 식識이 연출해서 생기는 명
색, 즉 우리가 보는 이 세상, 사바세계, 존재, 나, 이들
은 전부 명색입니다. 명색은 가짜입니다.

그런데 진짜는 빠알리어로 사짜*sacca*인데 왜 가
짜는 모사사짜라 하지 않고 모사담마*mosadhamma*라

---

5 *Taṃ musā, yaṃ mosadhammaṃ.*
Taṃ saccaṃ, yaṃ amosadhammaṃ nibbānaṃ.
여기서 *taṃ musā*는 그 본성이 변하기 마련인 '허망한 것'으로 지·수·
화·풍 네 가지 근본 물질과 파생 물질인 허공, 정신 요소인 식識을
포함하는 명색이다. 《중부》 140 〈요소 분석 경〉과 《숫따니빠아따》
756~758 계송 참조.

고 할까요? '가짜다' 해버리면 간단한데, '가짜 법이다.'라고 하는 데는 이유가 있습니다. 우리로 하여금 가짜임을 깨닫고 진짜를 향해서 나아가도록 하려는 뜻이 '가짜 법'이라는 말에 담겨 있다고 생각합니다. 흔히 법, 담마라는 말은 '사물things'이나 '현상phenomena' 등으로 번역하기도 하지만 제 생각은 좀 다릅니다. 요컨대 부처님이 법을 주셨다는 것은, 중생으로 하여금 당신이 깨달은 그 구경의 경지를 향해서 나아가도록 방향을 틀어주려는 것입니다. 그것이 '법'입니다. 다시 말해 '법이란 부처님이 열반이라는 방향을 제시해주신 가르침'입니다.

그러니까 법은 부처님이 세우셨고 중생에게 주신 것입니다. 그리고 중생은 그걸 받았으니까 어떻게든 그것을 실천하고 존속시켜야 되지 않겠습니까? 법은 부처님이 중생에게 주신 것이고, 중생이 그걸 받아서 살려내는 것이 '도'입니다. 그 걸어야 할 길 '도道'는 팔정도八正道입니다. 이렇게 보는 것이 법과 도의 관계를 이해하는 데 대단히 중요한 핵심입니다.

법이란 부처님이 중생에게 주신 큰 가르침이고, 위대한 선물입니다. 법은 사람을 사람답게 만드는 것이고, 이 우주의 현묘하고 정연한 운행 질서를 확인해 주는 것이고, 이 우주를 제대로 반듯하게 만드는 것입니다. 법은 우주의 정연한 진행을 전제로 한 것입니다. 이 말은 '우주의 정연한 질서가 우주 자체에 있는 게 아니라, 결국은 인간에게 달려 있다. 불교의 눈으로 보면 창조주는 하늘에도 없고, 우주 그 자체에도 없고, 진정한 창조주는 인간이다.'라는 뜻입니다. 그리고 인간의 그러한 창조력이 다름 아닌 업력業力입니다.

그런데 인간의 창조력이라는 것이 대부분 탐·진·치

에 쓰이기 때문에 문제입니다. 창조력이 잘못 쓰이고 있어서 탈입니다. 인간은 탐·진·치 때문에 이 우주를 망가뜨리기 쉽게 되어 있지요. 예컨대 서양의 철학과 과학이 온갖 것 다 파고들지만 조금만 더 들어가 보면 백지나 다름없이 속수무책입니다. 기껏해야 하늘이 내려주는 용서를 받을 생각이나 하는 모양새이지요. 사실은 우리 자신이 우주를 만들고 있는데도, '이 우주를 당신이 만들고 있으니 당신이 신이다.' 하면 이 말을 인정하고 실감할 사람 별로 없지요. '어디 내가 감히, 언감생심焉敢生心이지.' 하고 슬슬 뒤로 물러설 겁니다.

마하가따 찟다*mahaggatacitta*라는 말이 있습니다. '큼에 이른 마음', 장부심丈夫心이지요. '큰마음, 장부의 마음!', '그래, 내가 우주의 창조주다. 내 하기에 우주가 달려 있어.' 하고는 그 책임감 하에서 '내가 앞으로 행동을 어떻게 하겠다.' 하고 나아가야 합니다. 그 정도로 큰마음이면 장부입니다. 흔히 말하는 '사나이 대장부가 어쩌고…, 나라가 어쩌고…, 가정이 어쩌고…,' 그런 수준의 마음이 아닙니다. 창조주로서의 자부심과 책임감, 그걸 가져야 비로소 사람다운 길에 들어서는 겁니다.

부처님 법은 사람으로 하여금 장부심丈夫心을 일으켜서, 왜소하고 보잘 것 없던 상태로부터 헤어나 해탈解脫·열반涅槃이라는 원대한 목표를 향해 자신의 마음과 삶을 움직이도록 길을 열어주신 가르침이다. 그리고 우리가 법을 그대로 받아들여 자기 삶을 그 방향으로 정리, 조정해 나아가는 것이 도道다. 이 도는 사람 몫이다. 그 도를 실천하는 것이 승가다. 요컨대 팔정도를 걷는 것이 승가다.

이렇게 법을 중심으로 불·법·승 삼보를 보아야 부처님 가르침의 오묘한 체계를 바르게 이해할 수 있지 않을까 합니다.

법이 구르는 것을 법륜法輪이라 합니다. 스스로 돌아가는 바퀴이지요. 법륜이 제대로 잘 돌아서 우리를 싣고 저 해탈·열반까지 확실히 날라다주어야 그게 옳은 법이요, 즉 정법正法입니다. 그런데 호사다마라서 좋은 것일수록 잘 상하듯이 정법도 변질되기 쉽습니다. 우리에게 없으면 못 사는 산소도 온갖 것을 태우고 상하게 만드는 원인이지요. 우리를 살리는 그 산소가 만 가지 화禍를 만들어 내는 원인이기도 합니다. 그 좋은 정법마저도 변질되기 쉬운 이 세상은 근원적으로 갈등 구조이자 고苦이고 고해苦海입니다. 그러한 모순 속에 우리가 살아야 합니다.

법이 인류 향상에 꼭 필요하면서도 변질되는 데에

문제가 있습니다. 우선 부처님이 신이 되면 안 되듯이 법에 지나치게 권위가 붙으면 안 됩니다. 법은 우리가 언제든지 물음표를 갖다 붙일 수 있는 대상이 되어야 합니다. 그래야 그 법이 신선하게 오래 존속하고, 공부하는 사람에게 있어서도 항상 신선할 수 있습니다. 그런데 '이거야' 하고 절대적인 권위를 부여해 버리고는 '거기에 대해서 다시는 언급도 하지 마라. 재론은 필요하지 않아.' 이런 식이 되면 그때부터는 법이 아니라 굳어버린 화석이지요. 그래서 법을 잘 살리는 길은 법에 지나치게 맹목적인 권위를 부여하지 않는 겁니다. 언제나 법에 대해 '이 뭐꼬' 하면서 계속 씨름해야 합니다.

부처님 법도 하나의 이데올로기로 변질되기 쉽습니다. 또 법이 틀에 박힌 종교교육이 되면 아주 쉽게 도그마가 되어 버립니다. 이 점은 법을 제대로 유지하고 보존하기 위해서 우리가 꼭 명심해야 할 사항입니다. 이데올로기는 한결같이 사람을 맹목화시킵니다. 우리가 계속 '이 뭐꼬'를 자유롭게 할 수 있다면 법은 이데올로기로 변질되지 않습니다. 그걸 못 하게 막고 '오로지 믿어라, 오로지 따라라, 오로지 이렇게만 생각해라'하면 애초의 객관적 타당성이나 진리성은 화석이 되어버립니다. 이런 현상은 인류가 흔히 경험한 바입니다. 법이 변질되어 종교가 되면 맹목적이라는 점에서 이데올로기와 다름이 없습니다.

선종禪宗에서 '이 뭐꼬'라는 화두 선법을 편 것은 법의 본질을 잘 유지하도록, 그래서 법이 썩지 않고 상하지 않도록 조치를 해놓은 대단히 큰 지혜라고 하겠습니다. 반면 '이 뭐꼬' 하면서 물음표를 붙여 놓으면 여러 가지 망상이 개입할 여지도 많지요. 이렇게도 해석해 보고 저렇게도 생각해 보면서 망상이 들 수 있지요. 그런 문제가 생기지 않도록 부처님은 미리 조치를 취해 놓으셨습니다. 부처님은 '법을 있는 그대로 보는 관찰력을 키우라'고 하셨습니다.

그래서 부처님은 관찰 대상인 사념처四念處, 즉 신념처身念處·수념처受念處·심념처心念處·법념처法念處 중 마지막에 법념처를 설하셨습니다. 나의 바깥에서 벌어지는 것이 아니라, 내면에서 일어나는 온갖 것을 '있는 그대로' 바로 볼 수 있는 힘을 키우라고 하신 겁니다. 나를 묶는 멍에든 장애든 또는 나의 향상이든 모든 것에 대해 '있는 그대로'를 보는 실천이 필요합니다. 따라서 '이 뭐꼬'를 하더라도 있는 그대로를 보는 실천이 되어야 합니다. 있는 그대로를 보는 실천을 하려면 반드시 바른 마음챙김[正念 sammāsati]을 해야 합니다. 요컨대 바른 마음챙김은 법이 변질되지 않도록 잘 보존하는 핵심적인 기능을 합니다. 그런 점에서 부처님은 처음부터 불법에 권위를 거부하는 장치를 해 놓으신 것입니다.

삼법인三法印도 그 장치입니다. 법인法印이라는 말은 어떤 이론이 나오면 그 이론이 정말 부처님 법에 맞느냐, 아니냐를 재는 잣대를 뜻합니다. 그 잣대가 셋이 있는데, 무상無常·고苦·무아無我입니다. 예를 들어 제행무상諸行無常을 갖다 대어서 거기에 맞지 않으면 그것은 틀린 겁니다. '불법이냐, 아니냐를 판단하는 첫째 잣대로 제행무상에 어긋나느냐, 어긋나지 않느냐로 판단하라'는 말씀입니다. 제행무상諸行無常, 일체개고一切皆苦, 제법무아諸法無我의 삼법인 앞에 어디 권위주의가 붙을 수 있습니까? 그러니 화석이 될 여지가 없지요. 법이 변질될 가능성이 미연에 확실하게 방지되어 있는 겁니다.

과학이 발전해 감에 따라 인류가 사물을 '있는 그

대로' 보는 태도에 조금씩 접근해 왔습니다. 덕분에 인류의 지성 수준이 많이 높아졌습니다. 사실 종교가 혹세무민할 수 있었던 것은 인류의 지성이 그렇게 높지 않았던 시절에나 가능했지요. 종교가 진리답지 못한 점을 감추고, 그것이 진리가 아니라는 사실을 중생이 알지 못하도록 만들 수 있었지요. 거기다가 중생을 우매하게 우치하게 어리석게 만들지요. 대체로 종교란 인간으로 하여금 판단력을 상실하도록 만듭니다.

그러나 불교는 그러한 종교와는 다릅니다. 불법은 대단히 질서정연한 체계이고, 이해하기 어려운 대목은 잘 갈무리하여 누구나 쉽게 접근할 수 있도록 되어 있습니다. 한편 부처님 법은 또 어떻게 보면 이해하기 어려운 면도 많아서 법을 능히 이해하려면 인류의 지능과 지성이 그만큼 성숙해야 합니다. 그래야 법을 알아도 정확하게 알고 바르게 알 수 있습니다.

오늘날 인류는 불교를 이해할 토양과 조건을 갖추어가고 있습니다. 서양에서도 얼마나 많은 사람들이 불교의 영향을 입고 불교에 귀의해왔습니까. 서양이 동양을 발견한 이후로, 특히 인도와 교섭을 가진 이후로 노동력과 자원을 착취하여 얻은 물질적 이득보다는 오히려 불교를 접하면서 새로이 열게 된 정신적 시야, 안목의 확대가 사실은 더 큰 소득이고 자산일 것입니다. 여러분이 흔히 접하는 철학자, 문학가, 시인, 종교인, 과학자 할 것 없이 대단히 많은 서양 지식인들이 불교의 영향을 크게 받았습니다. 그 사람들이 내색을 안 해서 그렇지 이미 엄청난 불교의 영향을 입었고, 지금도 그 범위는 날로 커지고 있습니다. 그것은 부처님 법을 능히 이해할 수 있을 만큼 인류의 지능과 정서, 식견이 성숙하고 있다는 증거이지요. 이러한 흐름이 법의 시대를 예고하는 문화적 바탕이 되고 있습니다.

그러다 보니 바야흐로 불교는 인류의 등불이 될 기회를 맞고 있습니다. 그동안 권위를 누리고 그야말로 기세등등했던 것들일수록 어처구니없이 무너져 내리는 것을 우리가 보고 있지 않습니까. 서양종교가 과학 앞에 전전긍긍하고 있고, 과학도 고전물리학이 그렇게 위축되리라고 누가 생각했겠습니까. 이 지구라는 것도 무한히 넓은 대지라고 생각해서 제국주의로 확장하던 시절이 엊그제인데, 이제는 지구라는 게 정말 조그맣고 인간들이 함부로 거칠게 다루면 큰일 난다는 것도 깨달아 가고 있지 않습니까. '내가 어떻게든 이 조그마한 지구촌에서 살아야 하는 존재라면, 이 지구도 내가 잘 관리해야 되겠다.' 하고 마음먹는 것, 이게 바로 창조주로서 인간의 바른 걸음 아니겠습니까?

인간이 창조주로서 향상의 방향을 제대로 설정하려 할 때, 그 나침판은 어떤 권위도 허락하지 않을 장치를 처음부터 갖추고 있는 부처님 가르침, 즉 불법입니다. 시공을 초월하여 변질되지 않고 보편성이 있는 불법은 법보로서 이 시대의 '등燈 *dīpa*'으로 기능할 여지를 넓혀가고 있습니다.

승보僧寶

승보라는 보배는 무엇인가요? 앞서 얘기한 불보와 법보의 맥락에서 보면 가사 걸쳤다고 승려가 아닙니다. 출가했다고 승려 되는 것 아닙니다. 그건 승려 후보지요. 그러니 가사 걸친 사람들이 모였다고 승가라고 할 수는 없습니다.

요사이는 심지어 '승僧'을 직업으로 보지요. 그래서 불교에서도 '성직자'라는 용어를 주저 없이 붙입니다. 성직이라는 건 뭡니까? '성직'이라는 것은 종교적 직업이고, 종교적 직무를 수행한다는 개념입니다. 직무라는 것은 어떤 부과된 의무와 거기에 대한 보상, 또 어떤 제도적 보장 따위가 따르는 것 아닙니까. 종교라는 테두리 안에서 제복을 입고 부여된 업무를 수행하면서 급여를 받는 사람들이 성직자이겠지요.

원래 불교 승려는 성직자가 아니고, 승려가 입는 옷은 제복이 아니었습니다. 출가 사문들이 입는 옷은 세상에 폐를 최소한으로 끼치는 것이어야 하지요. 인도에서는 시체를 쌌던 천, 곧 태울 천을 주워서 깨끗이 빨아 황토 물을 들여서 입었어요. 그게 제일 쓸모없고 용도 폐기된 천이니까요. 폐가 제일 적은 거지요. 그런 옷이 무슨 신성한 위엄을 나타내는 제복이겠습니까. 출가자에게 무슨 위엄이 필요하고, 무슨 권위가 필요합니까? 왜 군림을 합니까? 그렇게 하는 건 재가자이지요. 그런 의미에서 불교 승려는 성직자라고 불러서는 안 될 일면을 지니고 있습니다.

스님들은 본래 탁발하며 걸어 다녔지요. 그게 승려입니다. 출가자의 꿈은 이렇게 구도자로 살다가 떠날

때가 되면 어디 논두렁 베고 죽든지, 산중에서 호랑이 밥이 되는 겁니다. 그게 불교 승려의 모습입니다. 요컨대 승려는 비직업인이고 '성직자'라고 볼 수 없습니다. 여러분이 행여 불교가 부처님을 신으로 받드는 종교이고, 승려는 성직자이고, 수행터는 종교 행사장이고, 속 답답하면 가서 기도나 하는 곳으로 생각한다면 어긋나도 한참 어긋난 겁니다.

물론 현실적으로 여러분이 종교로서 불교를 대하는 것도 이해 못 할 바는 아닙니다. 전쟁이 일어나고 세상이 대단히 불안한 시대에는 힘든 중생들의 고뇌를 살펴서 길을 안내해주는 선각자나 정신적 지도자들이 나옵니다. 그러다가 중생들이 배가 조금 부르고 등이 따시게 되면 절실한 정신적 욕구가 없어지지요. 더 세속화되고 속물화되어버리지요. 그러면 모처럼 시주 좀 해놓고는 '감사하다'는 말을 들으려 하고,

음식이나 옷을 가져와서는 '요건 스님만 쓰세요.' 하는 식이 되지요. 이런 계산심이 자꾸 늘어나는 시대가 되면 진지한 구도자가 발붙이기 힘듭니다. 바로 그런 시대에 수행자는 구도자가 아니라 '종교인'이 되어 버리는 거지요.

그렇다면 종교 집단이 아닌 승가란 무얼까요? 부처님이 주신 법을 받아서 실천 수행하는 도道를 걷는 것, 그래서 마침내 사람 되는 도리를 닦고 인간의 완성을 이루는 길을 걷는 것, 그것을 승가라 합니다. 불교에서 승가라 하는 것은 부처님의 법을 중심으로 모여서 그 법을 실답게 실천하고자 하는 사람들의 모임입니다.

그러기 위해서 출가를 하는 것입니다. 왜냐하면 출가를 하지 않고서는 장부심이 지향하는 그 큰 세계를 이루기 어렵기 때문입니다. 세속살이를 하면 가정사

부터가 너무 절박하지요. 자식 문제 때문에 고민 안 하는 사람 어디 있습니까? 만사 제쳐 놓고 자식 농사에 매달려서 기러기 아빠가 되는 등 별 노력을 다하고 있지요. 그렇게 매여서 사는 사람들에게 장부심이나 해탈·열반은 참으로 인연이 먼 말입니다. 당장 월급을 얼마 받느냐, 가족을 어떻게 먹여 살리느냐, 실직을 하느냐 마느냐, 그게 제일 중요한 문제이지요. 그렇게 딱하디 딱한 처지입니다.

그처럼 재가자로서 장부심을 갖는다는 것은 거의 불가능에 가깝습니다. 가족 중심적 사고방식의 틀에서 벗어나 가정 밖으로 나가 자기 혼자서 진리를 향해 온몸을 던지는 삶을 살겠다는 건 실로 어려운 결단일 수밖에 없습니다. 더구나 봉양할 부모가 계시고 처자식이 있으면 참 어렵지요. 출가는 정말 현명하고 용맹한 사람이 내리는 큰 결단입니다.

그리고 출가 승려들의 승가가 바르게 지탱되려면 사회적 여건이 성숙되어야 합니다. 《대당서역기》에 보면 승가가 한때 대단히 성했어요. 가령 서역의 어떤 지역에는 주민들 수보다 승려의 수가 더 많았답니다. 그 주민이 겨우 목축하고 농사지어 먹고 사는 그런 경제구조에서 승가의 탁발생활이 힘들지 않았겠습니까. 그렇듯이 불·법·승 삼보가 충분히 조화롭게 발달하려면 시절 인연도 거들어 주어야 하는 겁니다.

불교가 성했던 고려시대에도 부정적인 면이 있었지요. 승가가 권익을 누리는 기득권 집단에 편입되면서 수적으로 팽배했고 재보를 많이 소유했기에, 그걸 목적으로 들어오는 승가의 구성원들이 많았으니 사회적으로 비판받아 마땅한 측면이 있었지요. 승보라는 이름값을 못 해냈던 겁니다.

또한 조선시대에는 불교의 계율이 사대부들의 기

본 가치관 특히 가족관과 매우 어긋났기 때문에 출가하기도 어려웠습니다. 철저히 가족 중심의 유교가 국가이념이 되었거든요. 유교는 사회를 가족주의라는 이데올로기로 멋지게 포장해서 완벽하게 똘똘 뭉쳐 놓았으니 그 속에서 어떻게 출가하고 수행합니까? 사실 성리학은 '불교의 사유와 이상을 받아들이되, 어디까지나 재가자로서, 선비로서 살자'는 겁니다. 알다시피 성리학이나 양명학은 유교와 불교의 절충이기 때문에 그러한 사고방식으로는 출가해서 수행한다는 것이 그만큼 어려웠던 겁니다.

이런 형편은 요즈음도 마찬가지여서 스님들이 출가를 마음 놓고 권장하지 못합니다. 사회적, 가족적 여건이 눈에 훤히 보이는데 어떻게 출가를 권합니까? 참 어려운 일입니다. 지적으로 성숙된 엘리트들은 사회적 요청에 먼저 끌려 들어가 버리는 상황입니다. 실로 승가가 지난 이천오백 년 동안은 보배가 되기에는 사회적 여건이 좋은 건 아니었습니다.

그런데 오늘날에 와서는 사정이 조금씩 바뀌고도 있습니다. 예를 들면 결혼 안 하고 자식 안 낳는 사람 많은데, 그걸 예전처럼 천륜을 벗어나는 것이라고 생각하지 않잖아요. 예전에는 결혼의 의미가 노동력 확보라는 면이 컸지요. 노동력이 필요하니까 사람 손이 아쉬웠고, 그러니 결혼해서 자식도 많이 낳아야 되고, 그것도 아들을 많이 낳아야 했지요.

그런데 요즈음은 노동력 부족보다는 오히려 실직자 문제가 더 골치 아플 만큼 잉여 노동력이 늘어나고 있지 않습니까. 노동력 과잉에다 노동의 고급화가 진행되고 있지요. 앞으로 인공지능이 발달하면 더 많은 사람이 실직 상태로 몰리는 엄청난 변화가 올 겁니다. 이게 개인적인 문제를 넘어 사회적, 국가적인 문제일 뿐만 아니라 어쩌면 인류가 부닥친 가장 중대한 과제가 될 것도 같습니다. 이 정도로 인간과 노동에 대하여 새롭게 생각해야 할 만큼 세상이 바뀌고 있습니다. 하지만 아직은 인간이 무엇을 하고 살지에 대한 구상은 나오지 않았습니다.

여러분은 사회에서 일찍 밀려나는 걸 불만스럽고 못마땅하게 받아들일 수밖에 없겠지만, 그러나 이 상황이 뭘 의미하고, 그 국면을 어떤 방향으로 전환시킬 계기로 삼느냐 하는 각도에서 생각해볼 필요가 있습니다.

인간 삶의 목적이 '먹고 살기 위한 것만도 아니요, 자식 낳아 기르는 것만도 아니다'라고 생각하게 되었습니다. 자식을 낳아서 키우는 것은 오히려 동물들이 더 완벽하게 할 수 있지요. 사람은 고苦의 존재로서 일단은 고를 경험하는 것이 필요하긴 한데, 이 세상에서 수십 년 겪으면 족하지 않습니까. 이미 백세 시대라 하고 병 안 들고 특별히 약골이 아닌 한, 백이십 년까지 살게 된다고 하지요. 인도에서는 인생을 네 단계로 나누어 젊을 때 두 단계는 재가 생활을 하고, 중·장년기 이후엔 숲속 생활과, 유행遊行수행을 하는 전통이 있지요. 그처럼 젊어 몇 십 년은 사바세계에서 고를 경험하고, 그다음 몇 십 년은 고로부터 벗어나는 노력을 하고, 그리고 해탈·열반을 누리고 사는 것이 사람으로서의 본 모습입니다. 그렇게 볼 때 오늘 이 사회가 그런 이상적 삶을 실천하도록 거들어주는 방향으로 무르익어가는 게 아닌가 합니다. 이제 인류가 비로소 가치 있는 삶을 지향할 시절 인연이 성숙해간다고 봅니다.

물론 문제는 여전히 남아 있습니다. 우선 일 안 하면 사람 노릇 못 한다고 생각하는 사고 습관의 문제가 있습니다. 그런 사고방식을 극복할 때 새로운 차원이 전개될 수 있을 것입니다.

그런데 거기에다 부유한 삶까지 바라마지 않는데, 물질적 풍요처럼 위험한 게 없습니다. 사실 우리가 가장 두려워해야 할 건 물질적 풍요입니다. 사람이 부유해지면 자기중심적이 되고, 교만해지고, 아만에 차서 남을 깔보기 쉽고, 그러고도 탐욕의 불이 계속 일어나 다다익선多多益善을 추구하는 그 불이 꺼질 줄 모르지요. 이게 물질적 풍요의 속성인 줄 알고 그 위험을 바로 보아야 합니다.

그리고 누구든 법을 실천하려면 일단 가난해야 합니다. 그 가난은 자발적으로 선택하는 청빈인데, 아무나 쉽게 할 수 있는 일이 아닙니다. 그 청빈에서 오는 정신적인 기쁨과 자유는 대단히 큽니다. 그렇게 가난을 자발적으로 선택한 사람들이 정말 장부입니다. 그런 장부들이 있어서 법의 실천이 진행될 수 있고, 그만큼 법은 잘 유지 존속될 것입니다. 그러다가 때 맞춰서 인연 있는 사람들이 하나둘씩 불법을 통해서 해탈·열반이라는 존재의 완성을 기하게 될 것입니다.

한편 출가자가 늘어나고, 승가가 발전하면 또 무슨 문제가 발생하게 될까요? 역사적으로 받은 제일 큰 교훈은 카스트화입니다. 인도에서 그런 일이 일어났고, 중국이나 한국에서도 승가가 전문 종교인이 되면서 일종의 카스트가 되었어요. 종교적 행사를 주관하는 종교인이 된 겁니다. 그러한 사실을 역사가 교훈으로 우리에게 가르쳐 줍니다. 이제는 그 교훈을 충분히 알고 깨달아 승가가 카스트가 되어버리지 않도록 노력해야 할 것입니다.

다음으로 제기되는 문제는 승려가 특수 기능을 가진 테크니션이 되어서도 안 되고, 승가가 그런 기술자 집단이 되어서도 안 됩니다. 승려가 테크니션이 되는 것은 참 심각한 문제입니다. 그게 요가든 명상이든 뭐든 간에 그걸 기술로 내세워 팔아먹는 유혹에 빠지기가 쉽습니다. 카스트나 전문기술자가 되는 중요한 원인이 명리욕名利慾이거든요. 명예와 이익을 얻으려들기 때문에 특수 집단이 되어버리는 겁니다. 법을 독식하고 카스트가 되고 기술자가 되고 전문가가 되는 그런 풍조를 벗어나야 앞으로 승가가 반듯하게 유지될 것입니다.

세 보배의 균형

'삼보, 세 보배'라는 말 속에는 세 보배 사이에 균형이 맞아야 한다는 뜻이 포함되어 있습니다. 가령 불보는 더 높은 보배이고 법보는 더 낮은 보배라면, '삼보'라는 이름이 무색하지요. 과연 우리가 정말 세 보배를 제대로 모시고 있는가? 아니면 유독 그 중 한 보배만 챙기는 건 아닌가? 우리가 다른 보배들을 과연 보배에 걸맞은 대접을 하고 있는가? 삼보의 문제를 이런 식으로 돌아보는 것은 조금 생경하고 의외의 문제 제기일 수도 있겠습니다.

하지만 우리는 그동안 세 보배 중 유독 한 보배만 섬기고, 사실 나머지 두 보배는 섬기는 둥 마는 둥 하지 않았습니까? 이 정도 말하면 벌써 여러분들이 다 알아차렸겠지만, 우리는 그동안 부처님을 가장 존귀한 보배로, 더 이상 비할 데 없는 특별한 보배로 생각한 나머지 법보와 승보를 등한시하는 우를 범해왔다는 것입니다.

경經에 있듯이, '부처님은 법을 만들어 세우신 분이고, 아라한은 그 법에 의지해서 해탈·열반을 성취하는 분'입니다. 즉 부처님이 부처가 된 소이는 법을 만드셨기 때문입니다. 법을 만드신 분이니까 부처님입니다. 핵심은 거기 있습니다. 법이야말로 부처님이 이 땅에 오신 핵심 이유요, 부처가 부처된 소이입니다.

법은 스스로 보아 알 수 있고, 시공時空을 초월해서 효력을 발휘하는 것이고, 와서 보라는 것이고, 우리를 향상으로 인도하고, 누구나 그것을 스스로 실천하고 점검하면 진리를

깨닫게 된다.[6]

    라고 부처님이 말씀하시니 법이 그토록 중요한 것입니다. 사실 아무리 부처님이 나타나셨더라도 법을 세우지 않고 그냥 가버리셨다면 '어떤 시대에 어떤 위대한 분이 있었다.'는 기록 이상은 남지 않을 것입니다. 그러나 원체 훌륭한 법이 시공을 초월해서 존속하면서 광휘를 발하고, 우리에게 한없는 요익饒益을 주기 때문에 부처님도 우러름을 받는 것입니다. 그러니까 부처가 보배인 것과 마찬가지로 법도 보배입니다.

    또한 승가도 보배입니다. 승보이지요. 법은 알음알이 놀음하라고 설해 놓으신 것이 아니고, 실천하라고

---

6 *Dhammo sandiṭṭhiko akāliko ehipassiko opanayiko paccattaṃ veditabbo viññūhi.* (《상응부》 55:1)

58

설하신 것입니다. 승가가 법을 실천하기에 보배입니다. 법은 부처님의 무상지혜의 결정판으로서 인류가 가진 유산 중 최고의 유산인데, 승가는 바로 그 법보를 실천, 구현하는 귀한 보배인 것입니다.

'법을 실천한다.'는 말은 사람 된 도리를 최고도로 발휘한다는 뜻입니다. 인간은 부처님의 그 위대한 가르침을 실천함으로써, 존재가 도달할 수 있는 지고의 완성 경지를 향해 나아갈 수 있는 유일한 존재입니다. 그 때문에 저 천상의 신들도 못하는 해탈·열반을 성취할 수 있습니다. 이것이 불교의 인간관입니다. 이렇게 인간에게 위대한 가치를 부여하는 가르침이 어디에 또 있습니까? 그런데 불교에서는 조리 정연한 논리적 근거 위에서 '사람이라는 존재는 모두 아라한 후보다!'라고 분명하게 말합니다. 언젠가는 반드시 해탈·열반을 이루어 낼 존재가 인간입니다. 그런 인간의 가치를 상징하는 것이 바로 승가입니다. 그래서 보배, 승보입니다.

그런데 오늘날 인간의 모습은 어떻습니까? 심각한 위기에 처한 오늘날 지구촌의 모습이 탐·진·치로 얼룩진 인간의 맨얼굴을 그대로 보여줍니다. 어떤 과학자들은 대단히 비관적인 견해로 핵무기 확산이나 환경오염 때문에 인류가 2030년쯤 끝나거나, 길어야 2050년까지 가지 않겠는가라고 합니다. 이거 얼마나 기가 찬 이야기입니까. 2050년, 몇 년 남았습니까? 여기 젊은 분들은 그때 한창 활동할 시절일 텐데, 그때 인류가 끝난다니 얼마나 기가 찹니까.

그런 한편 불교에서는 세상을 내다보는 견해가 다릅니다. 불교에서는 업業을 중심으로 모든 것을 봅니다. 인간이 사실은 다 아라한 후보들인데, 아라한 후보들이 사는 이 세상이 그렇게 쉽게 도태되고 허무하게 무너지리라고는 생각하지 않습니다. 부처님이 세워놓으신 그 법을 인류가 얼마나 깨닫고 어떻게 실천해 내느냐에 따라서 지구가 존속할 기간이 늘어날 수도 있고 줄어들 수도 있다는 말입니다.

우리는 석가모니 부처님의 법과 인연이 깊은 중생들입니다. 석가모니 불법과 인연 있는 사람들은 이 지구가 성주괴공成住壞空에 따라 붕괴하기 전에 해탈·열반을 이루게 되니까, 그리 불안해할 필요는 없습니다. 그러니까 불자로서 법을 실천하여 성숙하는 길을 간다면 그럴 시간은 당연히 있다는 겁니다.

우리가 석가모니 불법을 알고 실천하려고 노력하는 한, 지구도 존속합니다. 그 노력을 대표적으로 하는 것이 바로 승가입니다. 승가가 있고 출가자가 해탈·열반을 이루려, 진리를 실현하려 노력하는 한 인류도 지속됩니다. 그런 점에서 승가는 인류의 지속과도 연관되는 소중한 보배입니다.

여러분, '내가 바로 승보다.'라는 자각만 붙들면 인류 멸망 같은 것을 걱정할 필요가 없습니다. 반드시 어느 생에서인가 해탈·열반을 이루게 됩니다. 그렇기에 승보는 불보, 법보 못지않게 귀한 보배입니다.

앞서 '부처님을 너무 우러르다 보니까 불·법·승 삼보를 균형 있게 골고루 모시지 못했다.'고 하였는데 듣기에 따라서는 대단히 불경스러운 이야기입니다. '부처님을 아무리 우러르고 우러러도 지나치지 않을 텐데, 감히 어떻게 저런 말을 하느냐?'라고 생각할 수 있습니다.

그렇지만 실제로 우리가 부처님을 어떻게 우러렀는가 다시 되돌아봅시다. 정말 부처님을 제대로 우러렀을까요? 아니면 부처님을 자기 편한 자리에 앉히고 적당한 의미를 부여해 놓고는 자기 식으로 부처님을 모시지는 않았습니까? 말하자면 우러르는 시늉을 하기는 했는데, 오히려 부처님께 크나큰 욕을 끼쳐 드린 건 아닌가 싶습니다. 우리는 어떤 의미에서 삼보를 우러른 게 아니라 삼보를 설정한 자기의 가치관, 자기의 생각에 갇혀서 자기 생각을 모시고 있었던 게 아닐까요? 그건 부처님에 대한 올바른 존숭의 태도가 될 수 없습니다.

우리가 그동안에 불교를 너무 신앙적 태도로 대해 왔기 때문에 삼보 중에서 불보에 치중한 면이 있었던 것은 사실입니다. 물론 부처님을 천번 만번 존숭하는 것은 마땅하지만, 그것이 종교적 신앙의 태도로 치중한다면 부처님이 우리에게 법을 설하신 원래의 의도를 저버리기 쉽습니다. 우리가 부처님의 뜻을 정작 살려 내려면 신앙적 태도로 불보에 치우쳐선 안 됩니다. 따라서 우리는 우리에게 남겨진 가장 귀한 유산, 즉 법보를 중심으로 삼보의 균형을 찾는 데 좀 더 많은 관심을 기울여야 하겠습니다.

나도 승보다

승가는 특권층이 아니요, 엘리트도 아닙니다. 승가는 언제나 누구에게나 문이 활짝 열려 있습니다. 승가는 원래 문이 활짝 열려서 나이 성별 계급 빈부 아무 구별 없이 누구나 원하면 들어올 수 있는 열린 공간이어야 합니다. 그 공간은 법을 실천해서 내 것으로 만드는 데에 비로소 전심전력하는, 참으로 사람답게 사는 길을 걷는 곳이어야 하기 때문입니다. 누구든 참삶을 살기 위해서는 금생이든 내생이든 승가의 일원이 되기 마련입니다. 조금 늦고 빠르고의 차이뿐입니다.

여러분이 재가자로서 승가에 보시하는 것도 나중에 출가할 인연을 굳히고 향상의 기연機緣을 증장시키기 위해 공덕의 씨를 미리 뿌려 놓는 셈이지요. 지금 뿌려 놓으면 다음 생에 그만큼 다 누리게 마련 아니겠습니까. 여러분도 결국 금생 아니면 내생, 아니면 그 다음 생이라도 출가할 것입니다. 그리하여 법을 실천하고 반드시 해탈·열반을 이루게 됩니다. 그렇기 때문에 법을 바르게 이해하고 바르게 실천하는 데 도움이 되도록 누울 자리를 튼튼히 구축하는 일도 참으로 중요합니다.

오늘 '나도 승보다.'라고 이야기하는 이유는 여러분과 승가가 다르지 않기 때문입니다. 따라서 하안거夏安居, 동안거冬安居 결제結制도 승려들만 산중에서 하는 게 아니라, 여러분도 각자의 자리에서 결제를 하는 것이 좋습니다. 그럴 때 여러분이 곧 승가입니다. 나름대로 원을 세우고 각각 집에서 '이번 철에는 내가 어떤 공부를 하겠다.' 하는 서원誓願을 세우십시오. 각자 경을 읽는다든지 참선을 한다든지 또는 기도를 한다든지 하십시오. 오늘 이야기 한 것이 가슴에 와 닿아서 부처님 앞에서 '내가 참사람 되겠다. 법을 제대로 실천하는 사람이 되겠다.' 하는 원을 세웠다면, 여러분도 결제를 하는 것입니다. 결제를 하되 마음으로 작정하고 '일상생활의 리듬과 습관을 어떤 식으로 고치겠다.' 등등, 구체적인 원을 세우고 실천에 들어가십시오. 그래서 여러분 각자가 이번 결제에 공부를 위한 굳건한 토대를 마련하도록 한 철 살고 또 한 철 살면, 한 철 한 철, 한 해 한 해가 바로 향상의 계기가될 것입니다. 그것은 바로 여러분이 사람으로 태어나서 참사람답게 사는 길입니다. 부디 여러분도 '나도 승보다!'라는 마음으로 그 길을 한 걸음 한 걸음 내

딛고 구체적으로 실천하는 한 철이 되기를 바랍니다.
간곡하게 당부 드립니다. ✸

━━━━ 말한이 **활성** 스님

1938년 출생. 1975년 통도사 경봉 스님 문하에 출가.
통도사 극락암 아란야, 해인사, 봉암사, 태백산 동암, 축서사 등지에서
수행정진. 현재 지리산 토굴에서 정진 중. 〈고요한소리〉 회주

━━━━ 엮은이 **김용호** 박사

1957년 출생. 전 성공회대학교 문화대학원 교수 (문화비평, 문화철학).
〈고요한소리〉 이사

─── 〈고요한소리〉는

- 붓다의 불교, 붓다 당신의 불교를 발굴, 궁구, 실천, 선양하는 것을 목적으로 설립되었습니다.

- 〈고요한소리〉 회주 활성스님의 법문을 '소리' 문고로 엮어 발행하고 있습니다.

- 1987년 창립 이래 스리랑카의 불자출판협회BPS에서 간행한 훌륭한 불서 및 논문들을 국내에 번역 소개하고 있습니다.

- 이 작은 책자는 근본불교를 중심으로 불교철학·심리학·수행법 등 실생활과 연관된 다양한 분야의 문제를 다루는 연간물連刊物입니다. 이 책들은 실천불교의 진수로서, 불법을 가깝게 하려는 분이나 좀 더 깊이 수행해보고자 하는 분에게 많은 도움이 될 것입니다.

- 이 책의 출판 비용은 뜻을 같이하는 회원들이 보내주시는 회비로 충당되며, 판매 비용은 전액 빠알리 경전의 역경과 그 준비 사업을 위한 기금으로 적립됩니다. 출판 비용과 기금 조성에 도움주신 회원님들께 감사드리며 〈고요한소리〉 모임에 새로이 동참하실 회원을 기다리고 있습니다.

- 〈고요한소리〉 책은 고요한소리 유튜브(https://www.youtube.com/c/고요한소리)와 리디북스RIDIBOOKS를 통해 들으실 수 있습니다.

- 〈고요한소리〉 회원으로 가입하시려면, 이름, 전화번호, 우편물 받을 주소, e-mail 주소를 〈고요한소리〉 서울 사무실에 알려주십시오. (전화: 02-739-6328, 02-725-3408)

∘ 회원에게는 〈고요한소리〉에서 출간하는 도서를 보내드리고, 법회나
  모임·행사 등 활동 소식을 전해드립니다.

∘ 회비, 후원금, 책값 등을 보내실 계좌는 아래와 같습니다.

국민은행	006-01-0689-346
우리은행	004-007718-01-001
농협	032-01-175056
우체국	010579-01-002831
예금주	**(사)고요한소리**

──── 마음을 맑게 하는 〈고요한소리〉 도서

금구의 말씀 시리즈

소리 시리즈

법륜 시리즈

보리수잎 시리즈

붓다의 고귀한 길 따라 시리즈

하나	불법의 대들보, 마음챙김 *sati*

단행본

하나	붓다의 말씀
둘	붓다의 일생

소리 · 열셋

우리 시대의 삼보 三寶

초판 1쇄 발행 2022년 4월 27일
초판 3쇄 발행 2023년 3월 30일

말한이   활성
펴낸이   하주락·변영섭
펴낸곳   (사)고요한소리
제작   도서출판 씨아이알 02-2275-8603

등록번호   제1-879호 1989. 2. 18.
주소   서울시 종로구 인사동길 47-5 (우 03145)
연락처   전화 02-739-6328 팩스 02-723-9804
        부산지부 051-513-6650 대구지부 053-755-6035
        대전지부 042-488-1689
홈페이지   www.calmvoice.org
이메일   calmvs@hanmail.net
ISBN   978-89-85186-93-3 02220

값 1,000원